인쇄일 · 2010년 2월 22일 1판 1쇄
발행일 · 2010년 2월 25일 1판 1쇄
글/그림 · 유니트픽쳐스
펴낸이 · 유원상   펴낸곳 · 상서각 출판사
등록 · 2002. 8. 22(제8-377호)
주소 · 서울시 은평구 불광동 268-5 201호
전화 · (02)356-5353   FAX · (02)356-8828
이메일 · sang53535@hanmail.net
홈페이지 · www.ssbook.kr

ISBN 978-89-7431-424-8 63710

반아쓰기왕 졸라맨
국 어 교 과 서
따라쓰기
1-1

글·그림 유니트픽쳐스

상서각

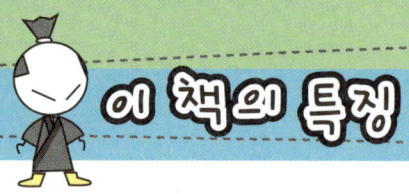

이 책의 특징

1 책의 단원 구성과 내용을 읽기, 쓰기, 듣기·말하기 영역으로 이루어진 국어 교과서와 동일하게 구성하여, 학습의 중요한 기초인 교과서를 중심으로 쓰기 학습이 이뤄지도록 하였습니다.

2 교과서의 과목과 쪽수가 표기되어 있어 예습과 복습에 활용할 수 있으며 교과서 안에서 선별한, 까다로운 낱말과 문장들을 반복적으로 써 봄으로써 받아쓰기에 대한 자신감을 키워 갈 수 있습니다.

3 쓰기 칸을 원고지로 구성하여 글씨를 바르고 고르게 쓰는 연습이 이루어질 뿐만 아니라, 동시에 올바른 원고지 사용법까지 자연스럽게 익힐 수 있습니다.

4 재미있는 그림과, 교과서 내용과 연계한 다양한 학습 만화가 함께 실려 있어 아이들이 지루해하지 않고 쓰기 학습을 꾸준히 해 나갈 수 있습니다.

5 각 단원별로 맨 마지막에 실시하는 받아쓰기 시험을 통해 그 단원의 중요한 낱말과 문장을 다시 한 번 확실하게 익히고 다질 수 있습니다.

쌩~

꿈틀꿈틀

신발끈 졸라매고!

차례

각 단원이 국어 교과서랑 똑같아요! 친구들, 열공하세요~!

부르릉부르릉

꽁차

 글씨를 쓸 때의 바른 자세에 대하여 알아볼까요?

- 엉덩이를 의자 뒤쪽에 붙입니다.

- 허리를 곧게 폅니다.

- 고개를 조금만 숙입니다.

- 글씨를 쓰지 않는 손으로 공책을 살짝 눌러
  줍니다.

- 두 발은 바닥에 나란히 닿도록 합니다.

 다음에 나오는 각각의 그림을 보고, 글씨를 쓰는 자세로 잘못된
점이 무엇인지 이야기해 보세요.

(X)

(X)

바른 자세

(X)

(X)

 연필을 바르게 잡는 방법에 대해 알아볼까요?

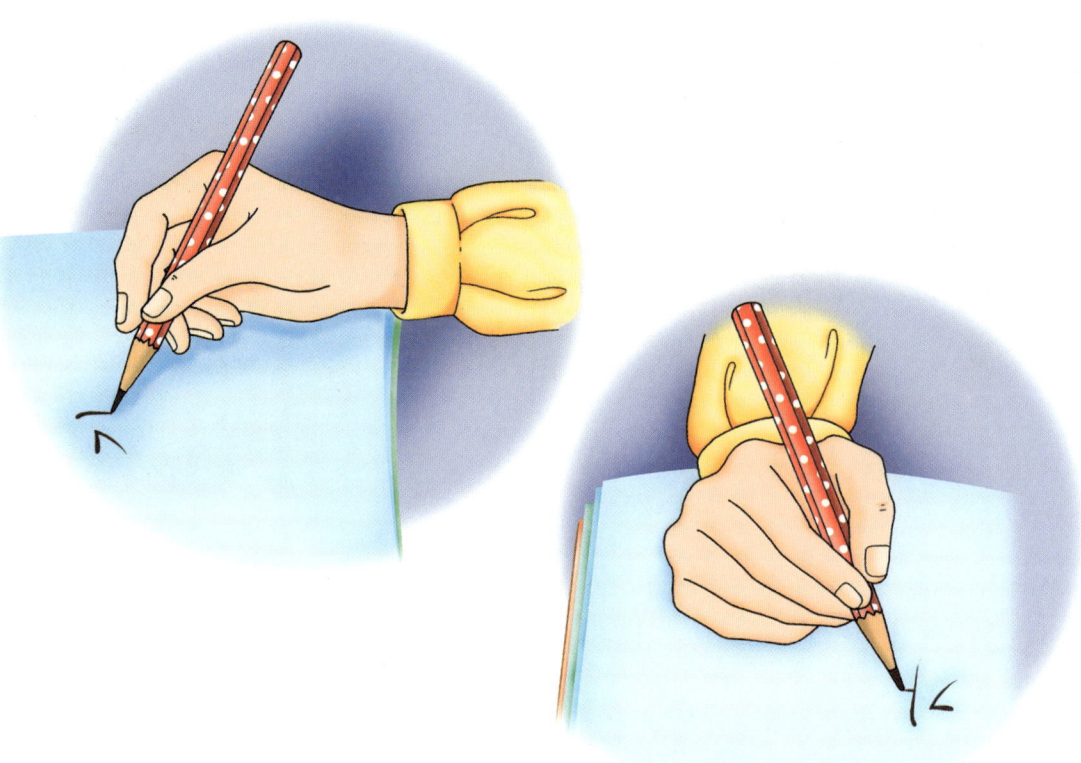

- 엄지손가락과 집게손가락의 모양을 둥글게 하여 연필을 잡습니다.

- 가운뎃손가락으로 연필을 받칩니다.

- 연필을 너무 세우거나 눕히지 않습니다.

- 연필을 잡을 때에 너무 힘을 주지 말고, 적당한 힘을 주어 잡습니다.

 다음에 나오는 각각의 그림을 보고, 연필을 잡는 자세로 잘못된 점이 무엇인지 이야기해 보세요.

(X)

(X)

바른 자세

(X)

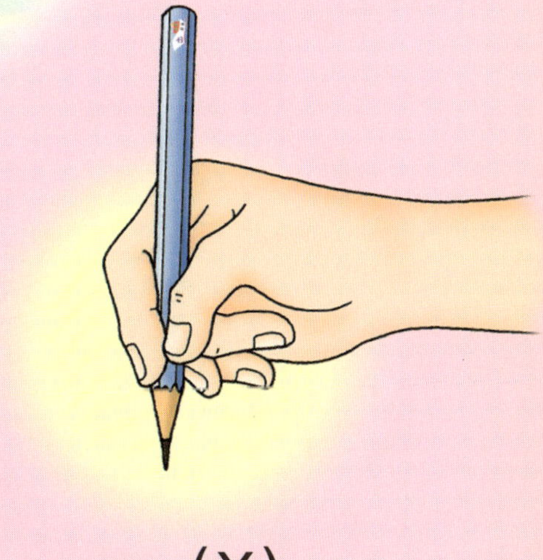

(X)

다음 자음자를 순서에 맞게 바르게 쓰면서 익혀 보세요.

ㄱ 기역	ㄱ					
ㄴ 니은	ㄴ					
ㄷ 디귿	ㄷ					
ㄹ 리을	ㄹ					
ㅁ 미음	ㅁ					
ㅂ 비읍	ㅂ					
ㅅ 시옷	ㅅ					
ㅇ 이응	ㅇ					

ㅈ	ㅈ				
지읒					
ㅊ	ㅊ				
치읓					
ㅋ	ㅋ				
키읔					
ㅌ	ㅌ				
티읕					
ㅍ	ㅍ				
피읖					
ㅎ	ㅎ				
히읗					

졸라맨! 글씨가 이게 뭐야? 천천히 순서대로 또박또박 써야지~

어허~! 원래 천재는 악필이라구!

어맨

다음 모음자를 순서에 맞게 바르게 쓰면서 익혀 보세요.

아	ㅏ						
야	ㅑ						
어	ㅓ						
여	ㅕ						
오	ㅗ						
요	ㅛ						
우	ㅜ						
유	ㅠ						
으	ㅡ						
이	ㅣ						

쓰는 순서를 생각하면서 자음자와 모음자를 합하여 글씨를 써 보세요.

	ㅏ	ㅑ	ㅓ	ㅕ	ㅗ	ㅛ	ㅜ	ㅠ	ㅡ	ㅣ
ㄱ	가	갸	거	겨	고	교	구	규	그	기
ㄴ	나	냐	너	녀	노	뇨	누	뉴	느	니
ㄷ	다	댜	더	뎌	도	됴	두	듀	드	디
ㄹ	라	랴	러	려	로	료	루	류	르	리
ㅁ	마	먀	머	며	모	묘	무	뮤	므	미
ㅂ	바	뱌	버	벼	보	뵤	부	뷰	브	비
ㅅ	사	샤	서	셔	소	쇼	수	슈	스	시
ㅇ	아	야	어	여	오	요	우	유	으	이
ㅈ	자	쟈	저	져	조	죠	주	쥬	즈	지
ㅊ	차	챠	처	쳐	초	쵸	추	츄	츠	치
ㅋ	카	캬	커	켜	코	쿄	쿠	큐	크	키
ㅌ	타	탸	터	텨	토	툐	투	튜	트	티
ㅍ	파	퍄	퍼	펴	포	표	푸	퓨	프	피
ㅎ	하	햐	허	혀	호	효	후	휴	흐	히

쓰는 순서를 생각하면서 자음자와 모음자를 합하여 글씨를 써 보세요.

	ㅏ	ㅑ	ㅓ	ㅕ	ㅗ	ㅛ	ㅜ	ㅠ	ㅡ	ㅣ
ㄱ										
ㄴ										
ㄷ										
ㄹ										
ㅁ										
ㅂ										
ㅅ										
ㅇ										
ㅈ										
ㅊ										
ㅋ										
ㅌ										
ㅍ										
ㅎ										

다음은 학교 운동장에서 볼 수 있는 것들입니다.
연필을 바르게 잡고 다음 낱말을 따라 써 보세요.

쓰기 10~11쪽

운 동 장　나 무　시 계

태 극 기　철 봉　계 단

축 구 공　줄 넘 기　화 단

18

미	끄	럼	틀
미	끄	럼	틀

연	못
연	못

꽃
꽃

풀
풀

 연필을 바르게 잡고 다음 낱말을 따라 써 보세요.

읽기 6~7쪽

나 너 우리

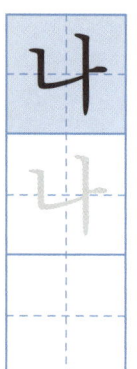  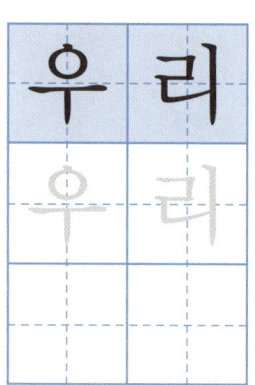

졸라 김과장

아 버 지   어 머 니   아 기

우리는 한 가족

우 리   가 족

 바른 자세로 앉아 다음 문장을 따라 써 보세요.

읽기 10~11쪽

친구, 내 친구,

친구, 내 친구,

정다운 친구.

정다운 친구.

쿵후맨은 정다운
내 친구예요~

…

선생님, 우리 선생님,

선생님, 우리 선생님,

고마운 선생님.

고마운 선생님.

건달프는 고마운
우리 선생님이에요~

…

학 교 , 우 리   학 교 ,

즐 거 운   학 교 .

난 학교 가는 게
너무 즐거워~

졸라맨 학교

나 , 친 구 , 선 생 님 ,

바른 자세로 앉아 다음 문장을 따라 써 보세요.

모두 모여

모두 모여

우리는 하나.

우리는 하나.

 바른 자세로 앉아 다음 낱말을 따라 써 보세요.

쓰기 12~15쪽

고	양	이

사	과

코	끼	리

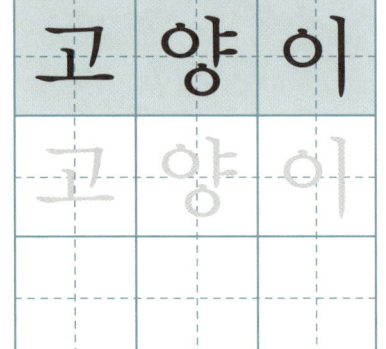
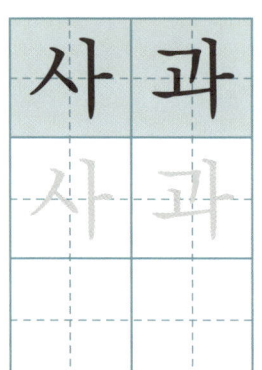
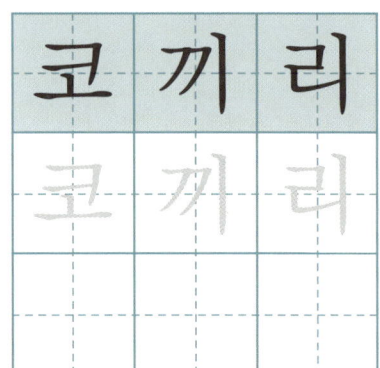

우	산	가	위

색	종	이

기	차

도	화	지

자	전	거

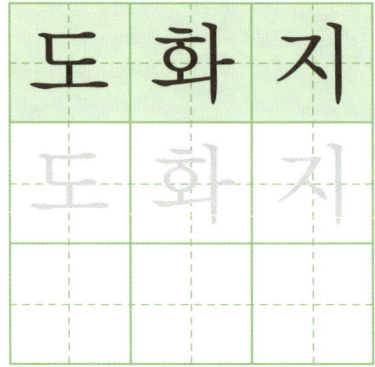
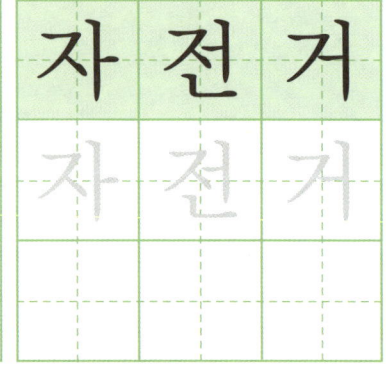

 다음 낱말을 바르게 써 보고, 그것을 설명하고 있는 그림과 선으로
연결해 보세요.

읽기 13~14쪽

사	자
사	자

난 꾀쟁이~
꼬리가 아홉 개면
얼마나 좋을까?

여	우
여	우

난 새 가운데서
가장 크다고~!

헉! 알도
엄청 크다…

타	조
타	조

어흐흥~
난 초원의 제왕!

토	끼
토	끼

난
세상에서
당근이
제일 좋아!

25

다음 낱말을 바르게 써 보고, 그것을 설명하고 있는 그림과 선으로 연결해 보세요.

하 마
하 마

거 미
거 미

노 루
노 루

제 비
제 비

스파이더맨이 내 사촌이라구~

앗! 겨울이다~ 따뜻한 남쪽 나라로~!

나보다 입 큰 사람 나와 보라고 그래!

내가 좀 약해 보여도 엄청 날쌘 동물이라구~

 같은 글자로 시작하는 낱말을 따라 써 보세요.

읽기 15쪽 · 쓰기 16쪽

나 무　나 비　나 귀

나 무　나 비　나 귀

바 다　바 위　바 지　바 구 니

바 다　바 위　바 지　바 구 니

오 이　오 리　오 소 리

오 이　오 리　오 소 리

가운데에 같은 글자가 들어가는 낱말을 따라 써 보세요.

읽기 16쪽

고 **구** 마
고 구 마

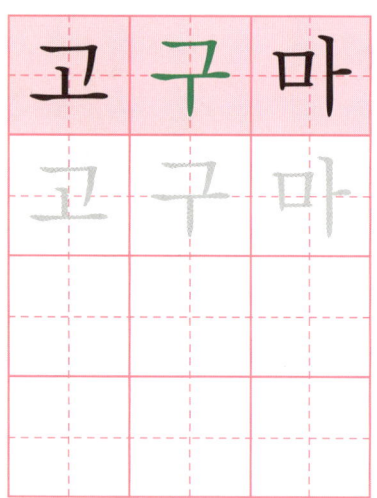

바 **구** 니
바 구 니

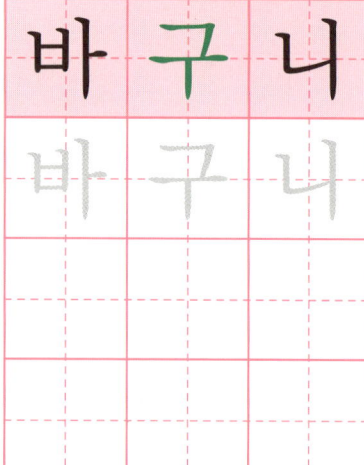

개 **나** 리
개 나 리

소 **나** 무
소 나 무

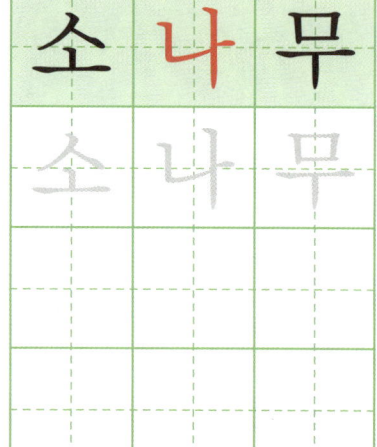

키 **다** 리
키 다 리

사 **다** 리
사 다 리

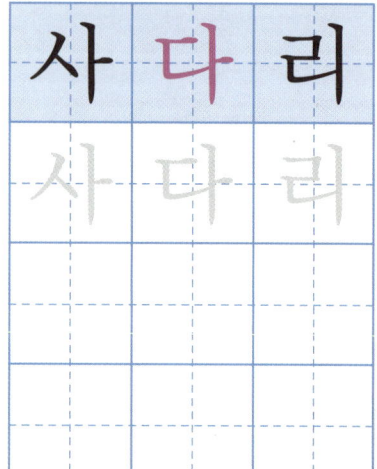

 '리' 자로 끝나는 낱말을 따라 써 보세요.

읽기 17, 22쪽

난 너구리가 정말 귀여워~

병아리 모이 줄 때가 제일 행복해~

오늘 목표는 잠자리 100마리 잡기다!

너 구 리 병 아 리 잠 자 리

개 구 리 항 아 리 울 타 리

다 리 소 리 파 리

앵 앵 그만 좀 쫓아와~
…그러게 목욕 좀 하고 사세요~

29

오늘은

해님이 안 떠요.

비 오는 날이에요.

지렁이가 나와요.

바른 자세로 다음 문장을 따라 써 보세요.

장화를 신어요.

비 오는 날이에요.

받아쓰기 ⓓ 불러 주시는 글을 잘 듣고 바르게 받아써 보세요.

① _____

② _____

③ _____

④ _____

⑤ _____

⑥ _____

⑦ _____

⑧ _____

⑨ _____

⑩ _____

 틀린 글자가 있나요? 확실하게 익히도록 다시 한 번 써 보세요.

불러 주시는 글을 잘 듣고 바르게 받아써 보세요.

① _____

② _____

③ _____

④ _____

⑤ _____

⑥ _____

⑦ _____

⑧ _____

⑨ _____

⑩ _____

틀린 글자가 있나요? 확실하게 익히도록 다시 한 번 써 보세요.

받아쓰기 1-3

불러 주시는 글을 잘 듣고 바르게 받아써 보세요.

①

②

③

④

⑤

⑥

⑦

⑧

⑨

⑩

틀린 글자가 있나요? 확실하게 익히도록 다시 한 번 써 보세요.

 받아쓰기 1-4

불러 주시는 글을 잘 듣고 바르게 받아써 보세요.

① _____

② _____

③ _____

④ _____

⑤ _____

⑥ _____

⑦ _____

⑧ _____

⑨ _____

⑩ _____

 틀린 글자가 있나요? 확실하게 익히도록 다시 한 번 써 보세요.

 자음자의 순서에 맞게 다음 빈칸을 채워 보세요.

쓰기 18~21쪽

ㄱ → □ → ㄷ → □ → □

ㅂ → □ → ㅇ → □ → □

□ → ㅌ → □ → ㅎ

 모음자의 순서에 맞게 다음 빈칸을 채워 보세요.

□ → ㅑ → ㅓ → □ → □

ㅛ → □ → □ → ㅡ → □

글자의 짜임을 생각하며 다음 문장을 바르게 써 보세요.

읽기 24쪽

나무 나무 무슨 나무

가자 가자 감나무

배가 아파 배나무

바람 솔솔 소나무

다음 글자를 바르게 써 보고, 그 글자를 구성하고 있는 낱자를 알맞게 연결해 보세요.

읽기 26쪽

4

사 | 사

ㅅ •

• ㅏ
• ㅓ
• ㅗ

소 | 소

ㅅ •

• ㅜ
• ㅗ
• ㅏ

차 | 차

ㅊ •

• ㅗ
• ㅕ
• ㅏ

초 | 초

ㅊ •

• ㅗ
• ㅓ
• ㅜ

졸라맨이 쿵후맨에게 문제를 내었습니다. □ 안에 알맞은 글자를 써 보세요.

자음자와 자음자의 이름을 바르게 연결해 보세요.

읽기 30~31쪽

ㄱ •

ㄷ •

ㅅ •

ㅇ •

ㅊ •

ㅌ •

ㅎ •

• 디귿

• 티읕

• 기역

• 히읗

• 시옷

• 이응

• 치읓

46

글자의 짜임을 생각하며 다음 낱말을 바르게 써 보세요.

쓰기 22, 24쪽 · 읽기 38쪽

자! 먹어 봐~
옆구리 터진
왕김밥이야.

헉!

김	밥	비	빔	밥	김	치
김	밥	비	빔	밥	김	치

난 부지런함의
대명사라네~

원	숭	이	기	린	개	미	곰
원	숭	이	기	린	개	미	곰

바	위	별	나	라	우	주	선
바	위	별	나	라	우	주	선

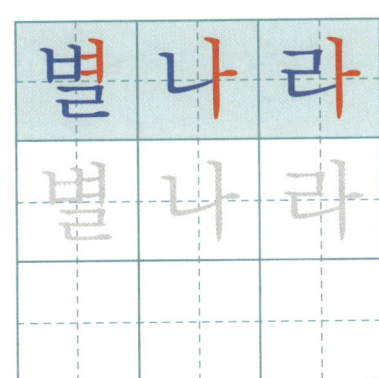

야호~
우린 별나라
구경 간다~!

 다음 문장을 바르게 써 보세요.

쓰기 23쪽

딸기를 먹습니다.

딸기를 먹습니다.

맛있는 딸기~

노래를 부릅니다.

노래를 부릅니다.

동해물과 백두산이~

피아노를 칩니다.

피아노를 칩니다.

어때? 어울려?

즐겁게 춤을 춥니다.

즐겁게 춤을 춥니다.

 받침이 있는 낱말을 바르게 써 보세요.

읽기 33~36쪽

팔	손	물	동	물	보	름	달
팔	손	물	동	물	보	름	달

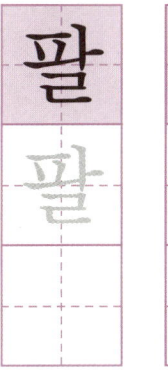

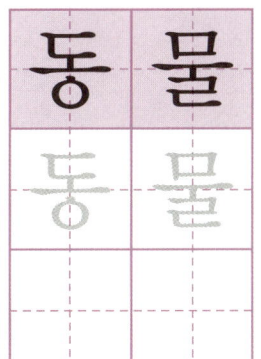

달	리	기	신	발	화	분	책	상
달	리	기	신	발	화	분	책	상

필	통	연	필	칠	판
필	통	연	필	칠	판

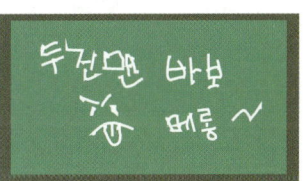

49

잘못 쓴 낱말을 고쳐 바르게 써 보세요.

쓰기 26쪽

오늘 소푼은 매우 재미있었다.

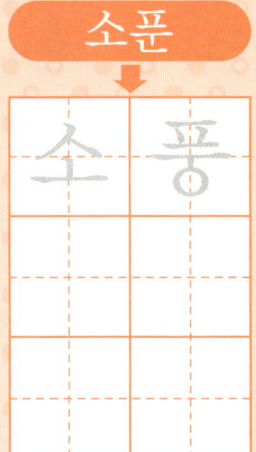

소푼 → 소 풍

동물들과 친해지고 맛있는 음씩도 먹었다.

음씩 → 음 식

앞으로는 전하번호를 꼭 기억해야겠다.

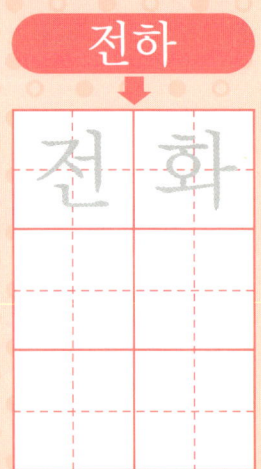

전하 → 전 화

 기분을 나타내는 말들입니다. 얼굴 표정과 어울리는 말을 연결해 보고 바르게 써 보세요.

듣기 · 말하기 16쪽

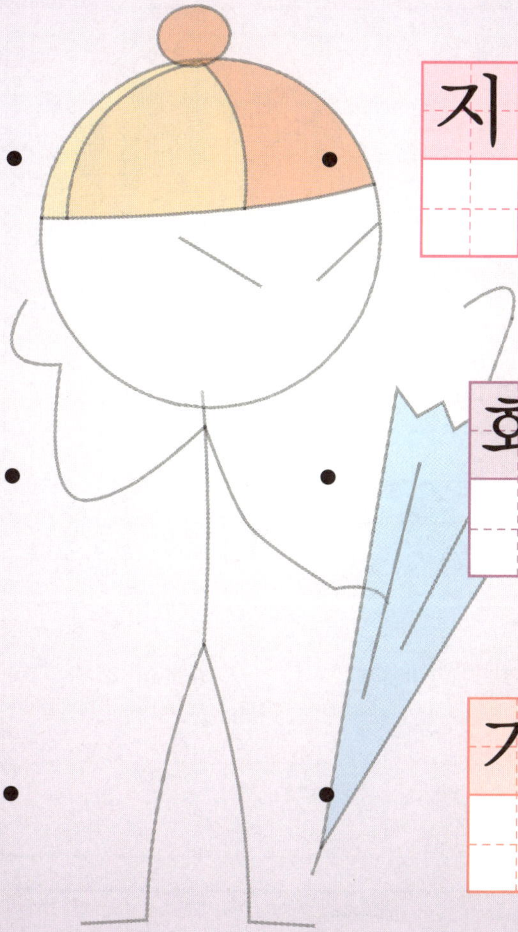

부	끄	러	워	요

지	루	해	요

화	나	요

기	뻐	요

슬	퍼	요

글자의 짜임을 생각하며 다음 문장을 바르게 써 보세요.

읽기 37쪽

나는 김슬기입니다.

나는 별나라에 누가

사는지 궁금합니다.

네 정체가 뭐냐?

난 케로성에서 온 외계인이다!

거짓말!! 연못에서 나온 개구리 주제에…

글자의 짜임을 생각하며 다음 문장을 바르게 써 보세요.

우주선을 타고 별나라
에 가 보고 싶습니다.

 불러 주시는 글을 잘 듣고 바르게 받아써 보세요.

① _____

② _____

③ _____

④ _____

⑤ _____

⑥ _____

⑦ _____

⑧ _____

⑨ _____

⑩ _____

 틀린 글자가 있나요? 확실하게 익히도록 다시 한 번 써 보세요.

받아쓰기 2-2

불러 주시는 글을 잘 듣고 바르게 받아써 보세요.

① _____

② _____

③ _____

④ _____

⑤ _____

⑥ _____

⑦ _____

⑧ _____

⑨ _____

⑩ _____

틀린 글자가 있나요? 확실하게 익히도록 다시 한 번 써 보세요.

받아쓰기 2-3

불러 주시는 글을 잘 듣고 바르게 받아써 보세요.

① _____

② _____

③ _____

④ _____

⑤ _____

⑥ _____

⑦ _____

⑧ _____

⑨ _____

⑩ _____

 틀린 글자가 있나요? 확실하게 익히도록 다시 한 번 써 보세요.

받아쓰기 2-4

불러 주시는 글을 잘 듣고 바르게 받아써 보세요.

① _____

② _____

③ _____

④ _____

⑤ _____

⑥ _____

⑦ _____

⑧ _____

⑨ _____

⑩ _____

틀린 글자가 있나요? 확실하게 익히도록 다시 한 번 써 보세요.

3.
마음을 나누며

다음 잘못 쓴 글자를 바르게 써 보세요.

쓰기 30~31쪽

 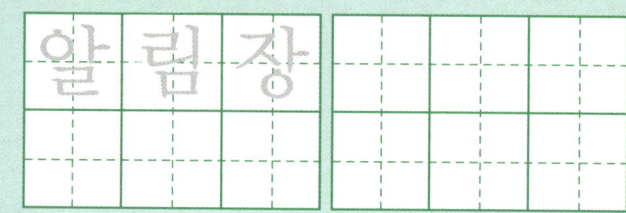

색 연 필

 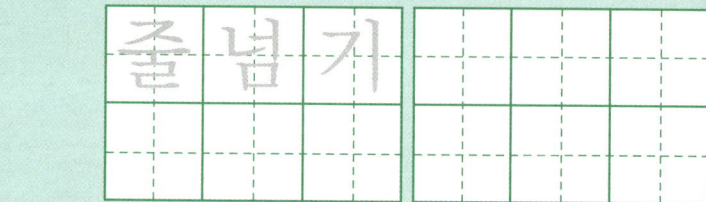

알 림 장

줄 넘 기

 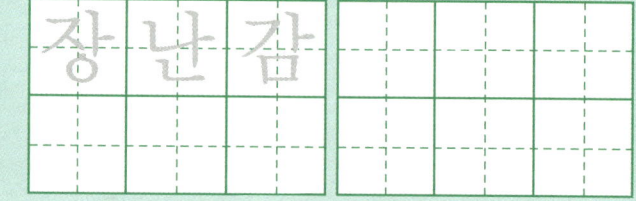

놀 이 터

장 난 감

할 아 버 지

다음 사물의 이름을 바르게 쓴 것을 찾아 선으로 연결한 후, 정확한 글자를 다시 한 번 써 보세요.

쓰기 32쪽

- 빌통
- 필똥
- 필통

- 주사이
- 주사위
- 주사인

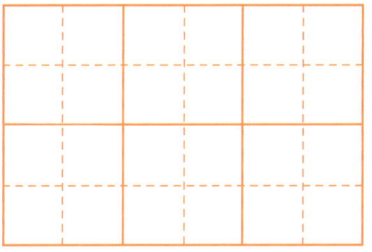

- 지운개
- 지우게
- 지우개

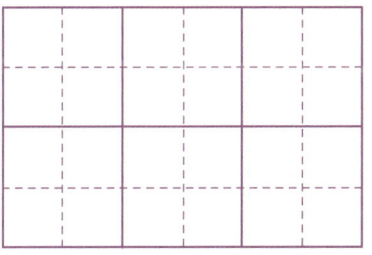

- 색종이
- 색쫑이
- 새쫑이

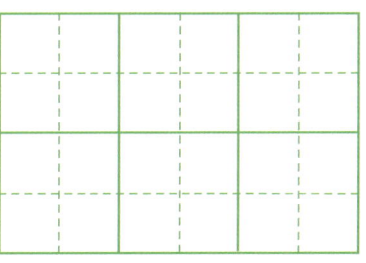

 다음 채소와 과일의 이름을 바르게 따라 써 보세요.

쓰기 33~34쪽

오	이	당	근	배	추
오	이	당	근	배	추

에이~ 온통 야채뿐이잖아~!

무	호	박	마	늘	가	지	파
무	호	박	마	늘	가	지	파

쭈글쭈글한 게 날 닮았군…

으히히~ 숨어 있기 딱 좋군!

내 이름을 딴 참외도 있다오~

내 궁둥이랑 비슷한걸~

대	추	포	도	참	외	복	숭	아
대	추	포	도	참	외	복	숭	아

66

소리 나는 대로 쓰지 않도록 주의하면서 다음 문장을 바르게 써 보세요.

꽃이 피었습니다. 곰돌

이가 꽃을 봅니다. 벌이

꽃에 앉았습니다. 나비는

꽃과 함께 놉니다.

다음 밑줄 친 틀린 낱말을 고쳐서 바르게 써 보세요.

쓰기 37~40쪽

▶ 쿵후맨은 졸라걸과 <u>가치</u> 사이좋게 놉니다.

같이

▶ 졸라걸은 친구들과 놀이터에서 <u>노랐씀니다.</u>

놀았습니다

▶ 거미맨은 놀다가 너무 <u>느져서</u> 두건맨에게 혼이 났습니다.

늦어서

▶ "꾸자! <u>숙재</u>도 <u>만흔데</u> 언제 다 할 거냐?"

숙제   많은데

다음 밑줄 친 틀린 낱말을 고쳐서 바르게 써 보세요.

▶ **옌날**에 졸라맨 형제가 살았습니다.

우린~
졸라 브라더스!

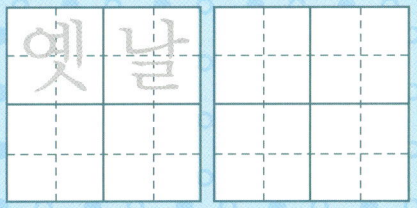

옛날

▶ 어느 봄날, 형제는 밭에 씨를 **뿌려씁니다.**

뿌렸습니다

대단해···

한 달 걸려 할 일을
하루 만에···?

▶ 가을이 되자 곡식이 **누러케** 익었습니다.

누렇게

▶ 졸라맨 형제가 곡식을 나누어 주자, 마을 사람들은 **조아해씁니다.**

좋아했습니다

어서 와서 쌀
받아 가세요~ 공찌예요~

정말 고마워~!

소리나는 대로 쓰지 않도록 주의하면서 다음 문장을 바르게 써 보세요.

쓰기 38쪽

손을 깨끗이 씻습니다.

손을 깨끗이 씻습니다.

밥을 맛있게 먹습니다.

밥을 맛있게 먹습니다.

이를 꼼꼼히 닦습니다.

이를 꼼꼼히 닦습니다.

그림일기를 씁니다.

그림일기를 씁니다.

다음 ( ) 안에 들어갈 알맞은 낱말을 찾아 ○표를 하고 바르게 써 보세요.

쓰기 96~97쪽

1. 선녀와 (나무꾼/나무군)은 우리나라의 전래 동화야.

2. (갑자기/갑짜기) 바람이 불어와서 모자가 날아갔다.

3. 나는 세상에서 (자장면/짜장면)이 가장 좋아.

4. (볶음밥/뽁음밥)에는 역시 달걀을 넣어야 맛있지.

5. 선생님, 공부를 잘 (가르쳐/가리켜) 주셔서 고맙습니다.

6. 색종이를 곱게 접어서 풀로 (부치면/붙이면) 예쁜 무늬가 돼.

7. 약속을 깜빡 (잊어버려서/잃어버려서) 친구에게 미안해.

8. 의자에 앉을 때에는 허리를 (반듯이/반드시) 펴야 한다.

71

읽기 43쪽

오늘 아침, 이가 너무

오늘 아침, 이가 너무

아팠습니다.

아팠습니다.

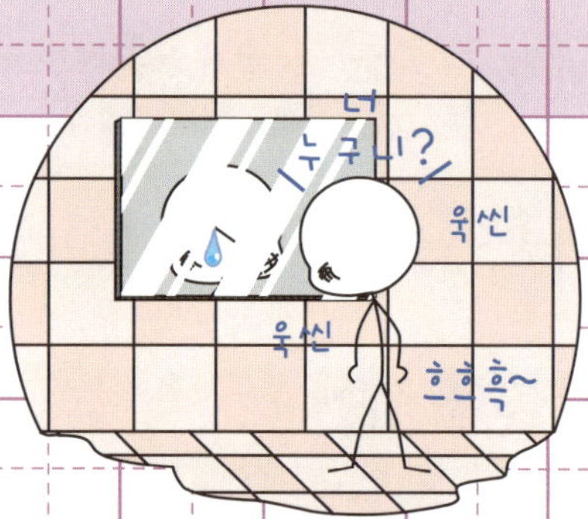

"현수야, 왜 그러니?"

"현수야, 왜 그러니?"

"아! 이가 아파요."

"아! 이가 아파요."

문장 부호의 이름을 생각하며 다음 문장을 따라 써 보세요.

| 나 | 는 | | 그 | 만 | | 울 | 음 | 을 | | 터 |

| 뜨 | 리 | 고 | | 말 | 았 | 습 | 니 | 다 | . |

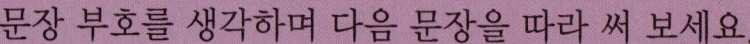

읽기 46쪽

민지야, 강아지 이름을

민지야, 강아지 이름을

초롱이라고 지었구나. 참

초롱이라고 지었구나. 참

예쁘다 ! 초롱이와 함께

예쁘다 ! 초롱이와 함께

우리 집에 놀러 올래?

우리 집에 놀러 올래?

누렁소 세 마리는 언

제나 함께 다녔어요.

"우리, 힘을 합칠까?"

"좋아!"

우하하~ 이번에는 문장 부호를 맞게 잘 써서 100점 맞았다!

제법이군!

선생님

누렁소 세 마리는 함

께 호랑이한테 뿔을 들

이밀었어요.

우르르~ 아이코! 아이코!

"아이코, 아이코!"

76

슬기가 메뚜기를 잡으

러 가요. 슬기는 손가락

을 입에 대고 나직하게

말하였어요.

쉿~
조용히 해!

문장 부호를 생각하며 다음 문장을 따라 써 보세요.

"애, 움직이지 마!"

"왜 그래?"

움직이지 마!

메뚜기가 날아갈까 봐

마음이 조마조마하였어요.

 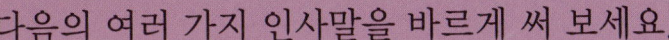 다음의 여러 가지 인사말을 바르게 써 보세요.

듣기 · 말하기 30~35쪽

안녕히 주무셨어요?

학교에 다녀오겠습니다.

아저씨, 안녕하세요?

선생님, 안녕히 계세요.

받아쓰기 3-1

불러 주시는 글을 잘 듣고 바르게 받아써 보세요.

① _____

② _____

③ _____

④ _____

⑤ _____

⑥ _____

⑦ _____

⑧ _____

⑨ _____

⑩ _____

틀린 글자가 있나요? 확실하게 익히도록 다시 한 번 써 보세요.

불러 주시는 글을 잘 듣고 바르게 받아써 보세요.

① _____

② _____

③ _____

④ _____

⑤ _____

⑥ _____

⑦ _____

⑧ _____

⑨ _____

⑩ _____

 틀린 글자가 있나요? 확실하게 익히도록 다시 한 번 써 보세요.

받아쓰기 3-3

불러 주시는 글을 잘 듣고 바르게 받아써 보세요.

① _____
② _____
③ _____
④ _____
⑤ _____
⑥ _____
⑦ _____
⑧ _____
⑨ _____
⑩ _____

틀린 글자가 있나요? 확실하게 익히도록 다시 한 번 써 보세요.

불러 주시는 글을 잘 듣고 바르게 받아써 보세요.

① _____

② _____

③ _____

④ _____

⑤ _____

⑥ _____

⑦ _____

⑧ _____

⑨ _____

⑩ _____

 틀린 글자가 있나요? 확실하게 익히도록 다시 한 번 써 보세요.

4.
아, 재미있구나

-나의 그림 일기-

월   일   날씨

읽기 60쪽

송알송알 싸리잎에 은

구슬. 조롱조롱 거미줄에

옥구슬. 대롱대롱 풀잎마

다 총총. 방긋 웃는 꽃

반복되는 말이 주는 느낌을 생각하며 동시 '구슬비'를 따라 써 보세요.

잎마다 송송송.

송알송알　조롱조롱

대롱대롱　총총　송송송

반복되는 말의 재미를 생각하며 다음 글을 따라 써 보세요.

읽기 62~63쪽

재잘대며 타박타박 걸

어오다가. 앙감질로 깡충

깡충 뛰어오다가. 깔깔대

며 배틀배틀 쓰러집니다.

아기의 귀여운 모습을 떠올리며 동시 '아기의 대답'을 따라 써 보세요.

읽기 65쪽

신규야 부르면 코부터

발름발름 대답하지요.

신규야 부르면 눈부터

생글생글 대답하지요.

그림을 머리에 그려 보며 동화 '괜찮아'를 따라 써 보세요.

읽기 66~71쪽

개미는 작아.

개미는 작아.

괜찮아! 영차영차 나

괜찮아! 영차영차 나

는 힘이 세.

는 힘이 세.

고슴도치는 가시가 많

고슴도치는 가시가 많

그림을 머리에 그려 보며 동화 '괜찮아'를 따라 써 보세요.

아.

아.

어때? 꼭 거북선 등 같지?

응~

괜찮아 !　뾰족뾰족　나

괜찮아 !　뾰족뾰족　나

는　무섭지　않아.

는　무섭지　않아.

그럼　너는?

그럼　너는?

그림을 머리에 그려 보며 동화 '괜찮아'를 따라 써 보세요.

괜찮아! 나는 세상에
괜찮아! 나는 세상에

서 가장 크게 웃을 수
서 가장 크게 웃을 수

있어.
있어.

우 하하하~

쟤…
왜 저래?

뽑기
당첨됐나?

 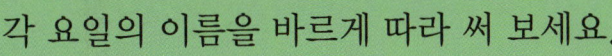 각 요일의 이름을 바르게 따라 써 보세요.

쓰기 44쪽

오늘은 쉬는 날~

오늘은 학교가 시작하는 날!

오늘은 열심히 공부하는 날~

일	요	일
일	요	일

월	요	일
월	요	일

화	요	일
화	요	일

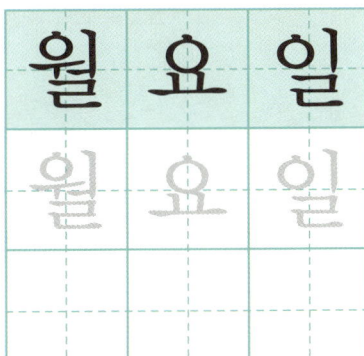

수	요	일
수	요	일

목	요	일
목	요	일

금	요	일
금	요	일

만세~ 오늘부터 쉬는 날의 시작이다!

토	요	일
토	요	일

97

그림일기를 쓸 때에 들어가야 할 것을 생각하며 다음 그림일기를 따라 써 보세요.

쓰기 44쪽

5	월		30	일		수	요	일		맑
5	월		30	일		수	요	일		맑

고		따	뜻	함	.					
고		따	뜻	함	.					

그림일기를 쓸 때에 들어가야 할 것을 생각하며 다음 그림일기를 따라 써 보세요.

| 규 | 리 | | 집 | 에 | 서 | | 생 | 일 | 잔 | 치 |

| 를 | | 했 | 다 | . | | 통 | 닭 | 과 | | 과 | 자 | 를 |

| 맛 | 있 | 게 | | 먹 | 었 | 다 | . | | 내 | | 생 | 일 |

| 도 | | 빨 | 리 | | 왔 | 으 | 면 | | 좋 | 겠 | 다 | . |

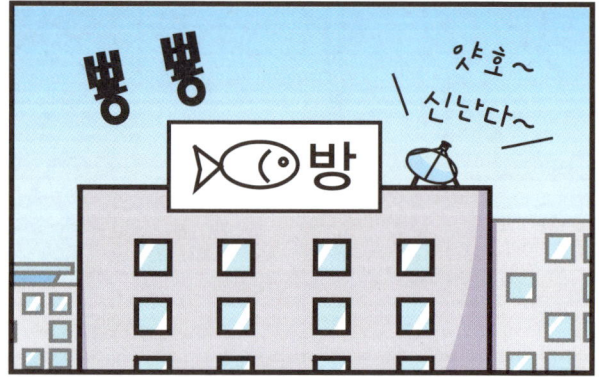

나의 그림일기

다음 그림을 보고 일기를 직접 써 보세요!

월   일   날씨 : ☀ ☁ ☂ ⛄

제목 :

_____

_____

_____

_____

_____

_____

받아쓰기 4-1

불러 주시는 글을 잘 듣고 바르게 받아써 보세요.

① _____

② _____

③ _____

④ _____

⑤ _____

⑥ _____

⑦ _____

⑧ _____

⑨ _____

⑩ _____

틀린 글자가 있나요? 확실하게 익히도록 다시 한 번 써 보세요.

받아쓰기 4-2

불러 주시는 글을 잘 듣고 바르게 받아써 보세요.

① _____

② _____

③ _____

④ _____

⑤ _____

⑥ _____

⑦ _____

⑧ _____

⑨ _____

⑩ _____

틀린 글자가 있나요? 확실하게 익히도록 다시 한 번 써 보세요.

 불러 주시는 글을 잘 듣고 바르게 받아써 보세요.

① _____

② _____

③ _____

④ _____

⑤ _____

⑥ _____

⑦ _____

⑧ _____

⑨ _____

⑩ _____

 틀린 글자가 있나요? 확실하게 익히도록 다시 한 번 써 보세요.

받아쓰기 4-4

불러 주시는 글을 잘 듣고 바르게 받아써 보세요.

① _____

② _____

③ _____

④ _____

⑤ _____

⑥ _____

⑦ _____

⑧ _____

⑨ _____

⑩ _____

틀린 글자가 있나요? 확실하게 익히도록 다시 한 번 써 보세요.

5.
생각을 펼쳐요

누가 무엇을 하였는지 생각하며 '읽기 숙제'에 나오는 글을 따라 써 보세요.

읽기 76쪽

숙제를 하려고 읽기책

을 찾았다. 한참 만에

안방에서 찾아냈다. 어젯

밤에 책을 읽다가 안방

에 그냥 두었나 보다.

앞으로는 물건을 쓰고

제자리에 잘 두어야겠다.

쓴 물건은 항상 제자리에…

으이그~

누가 무엇을 하였는지 생각하며 '토끼 지우개'에 나오는 글을 따라 써 보세요.

읽기 78~80쪽

쉬는 시간에 민희는

그 지우개로 놀이를 하

였습니다.

하하! 모두 토끼 지우개를 가지고 있네?

정말~!

호호~ 우리 이걸로 재밌는 놀이 할까?

그래도 예진이는 계속

누가 무엇을 하였는지 생각하며 '토끼 지우개'에 나오는 글을
따라 써 보세요.

졸랐습니다.

졸랐습니다.

어머니께서 토끼 지우

어머니께서 토끼 지우

개를 사 주시면 좋겠다

개를 사 주시면 좋겠다

고 생각하였습니다.

고 생각하였습니다.

엄마~ 저도 토끼
지우개 사 주세요!

입학할 때
사 줬잖니!

지우개가
있는데 또
사는 건
낭비야~

글쓴이가 하고 싶은 말이 무엇인지 생각하며 '음식'에 나오는 글을 따라 써 보세요.

읽기 82쪽

나와 내 동생은 음식

먹는 습관이 서로 다릅

니다. 내 동생처럼 자기

가 좋아하는 음식만 골

라 먹으면 건강에 나쁩

니다. 나는 음식을 골고

루 먹어야 한다고 생각

합니다.

편식하는 아이

골고루 먹는 아이

내 키는 148cm…

내 키는 180cm!

글쓴이가 하고 싶은 말을 생각하며 '우리 반 또또 상자'에 나오는 글을 따라 써 보세요.

읽기 85쪽

또또 상자에 색종이를

또또 상자에 색종이를

모아 두니 참 좋습니다.

모아 두니 참 좋습니다.

앞으로도 우리 반 친

앞으로도 우리 반 친

구들이 색종이를 함부로

구들이 색종이를 함부로

글쓴이가 하고 싶은 말을 생각하며 '우리 반 또또 상자'에 나오는 글을 따라 써 보세요.

버리지 않았으면 좋겠습

니다. 그러면 색종이를

아낄 수 있고, 필요할

때에 쓸 수도 있습니다.

자신의 생각이 잘 드러난 글인지 살펴보며 다음 문장을 따라 써 보세요.

쓰기 61쪽

이가 아파서 치과에
이가 아파서 치과에

갔습니다. 양치질을 잘해
갔습니다. 양치질을 잘해

야 합니다.
야 합니다.

자신의 생각이 잘 드러난 글인지 살펴보며 다음 문장을 따라
써 보세요.

양치질을 잘하지 않으

면 이가 아파 치과에

가야 합니다.

119

졸라맨 일행이 가고 싶어하는 장소와 까닭을 알맞게 연결하여 보세요.

듣기·말하기 59쪽

 산

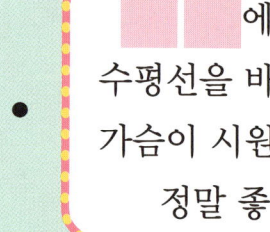 ⬜⬜에 가서 수평선을 바라보면 가슴이 시원해져서 정말 좋아!

 시장

🟩에 가면 맑은 공기를 맘껏 마실 수 있다구!

 극장

🟪⬜에 가면 여러 가지 맛있는 음식을 실컷 먹을 수 있지!

 바다

🟦🟦에 가면 재미있는 영화를 언제든지 볼 수 있어.

 동물원

🟧🟧🟧에 가면 내가 좋아하는 동물들을 한꺼번에 다 볼 수 있어.

자신의 생각이 잘 드러나 있는지 살펴보며 다음 문장을 따라 써 보세요.

듣기 · 말하기 65쪽

저는 정수진에게 '착한

어린이 상'을 주고 싶

습니다. 왜냐하면, 친구를

잘 도와주기 때문입니다.

 받아쓰기 5-1

불러 주시는 글을 잘 듣고 바르게 받아써 보세요.

❶ _____

❷ _____

❸ _____

❹ _____

❺ _____

❻ _____

❼ _____

❽ _____

❾ _____

❿ _____

 틀린 글자가 있나요? 확실하게 익히도록 다시 한 번 써 보세요.

불러 주시는 글을 잘 듣고 바르게 받아써 보세요.

❶ _____

❷ _____

❸ _____

❹ _____

❺ _____

❻ _____

❼ _____

❽ _____

❾ _____

❿ _____

틀린 글자가 있나요? 확실하게 익히도록 다시 한 번 써 보세요.

받아쓰기 5-3

불러 주시는 글을 잘 듣고 바르게 받아써 보세요.

❶ _____

❷ _____

❸ _____

❹ _____

❺ _____

❻ _____

❼ _____

❽ _____

❾ _____

❿ _____

틀린 글자가 있나요? 확실하게 익히도록 다시 한 번 써 보세요.

받아쓰기 5-4

불러 주시는 글을 잘 듣고 바르게 받아써 보세요.

① _____

② _____

③ _____

④ _____

⑤ _____

⑥ _____

⑦ _____

⑧ _____

⑨ _____

⑩ _____

틀린 글자가 있나요? 확실하게 익히도록 다시 한 번 써 보세요.

6.
느낌이 솔솔

내 느낌을 재미있는 말로 나타내고 있는 다음 낱말을 따라 써 보세요.

쓰기 70~71쪽

◉ 나는 눈으로 파란 바다를 보았을 때 **파란 하늘**이 생각났어요.

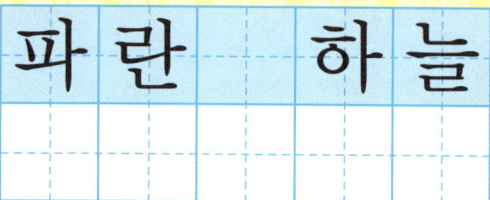

◉ 엄마의 냄새를 코로 맡으면 **꽃잎** 냄새가 나요.

◉ 아빠 수염을 만져 보면 따가워요.

→ **선인장**처럼 따가운 아빠 수염

◉ 솜사탕 맛은 달콤해요.

→ **설탕**처럼 달콤한 솜사탕

◉ 엄마 품속은 따뜻해요.

→ **이불**처럼 따뜻한 엄마 품속

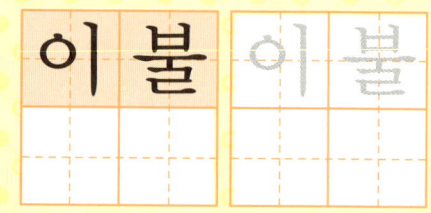

쓰기 72쪽

아 ~ 함
동생이 하품을 한다

입 안이 빨갛게 익은

수박 속 같다

충치는 까맣게 잘 익

은 수박씨

133

쓰기 74쪽

아빠 방귀 우르르 쾅
아빠 방귀 우르르 쾅

천둥 방귀
천둥 방귀

압! 뿌웅!! 깜짝이야~!

엄마 방귀 가르르릉
엄마 방귀 가르르릉

광 고양이 방귀
광 고양이 방귀

에고~! 뽀오옹

가족의 방귀 소리의 느낌을 재미있게 표현하고 있는 동시
'방귀'를 따라 써 보세요.

내　방귀　뻴리리리　피

리　방귀

135

옛이야기의 특징을 생각하며 '소금을 만드는 맷돌'에 나오는 글을 따라 써 보세요.

읽기 90~91쪽

옛날 옛적에 어느 임

금님이 신기한 맷돌을

가지고 있었습니다.

바닷속에서도 맷돌은

옛이야기의 특징을 생각하며 '소금을 만드는 맷돌'에 나오는 글을 따라 써 보세요.

쉬지 않고 돌았습니다.
쉬지 않고 돌았습니다.

그래서 바닷물이 짜게
그래서 바닷물이 짜게

되었답니다.
되었답니다.

맷돌을 멈추게 하는 주문이 뭐였더라??

맷돌을 훔친 도둑

어떤 일이 일어났는지를 생각하며 옛이야기 '금강산 도라지'에 나오는 글을 따라 써 보세요.

읽기 94쪽

도라지는 어머니 무덤

도라지는 어머니 무덤

앞에 쓰러지듯 엎드려

앞에 쓰러지듯 엎드려

절을 하였어요. 그 뒤,

절을 하였어요. 그 뒤,

무덤 앞에는 하얀 꽃

무덤 앞에는 하얀 꽃

어떤 일이 일어났는지를 생각하며 옛이야기 '금강산 도라지'
에 나오는 글을 따라 써 보세요.

한 송이가 피어났어요.

사람들은 그 꽃을 '도라

지꽃'이라고 불렀어요.

이건 내가 정성스럽게 키운 '두건맨꽃'이야.

널 아주 쏙~ 빼닮았구나···

재미있는 장면을 생각하며 옛이야기 '꾀를 내어서'에 나오는 글을 따라 써 보세요.

읽기 97쪽

박박이는 머리의 가려

박박이는 머리의 가려

운 곳을 여기저기 툭툭

운 곳을 여기저기 툭툭

눌러 가며 긁었어요.

눌러 가며 긁었어요.

코흘리개는 활 쏘는

코흘리개는 활 쏘는

재미있는 장면을 생각하며 옛이야기 '꾀를 내어서'에 나오는 글을 따라 써 보세요.

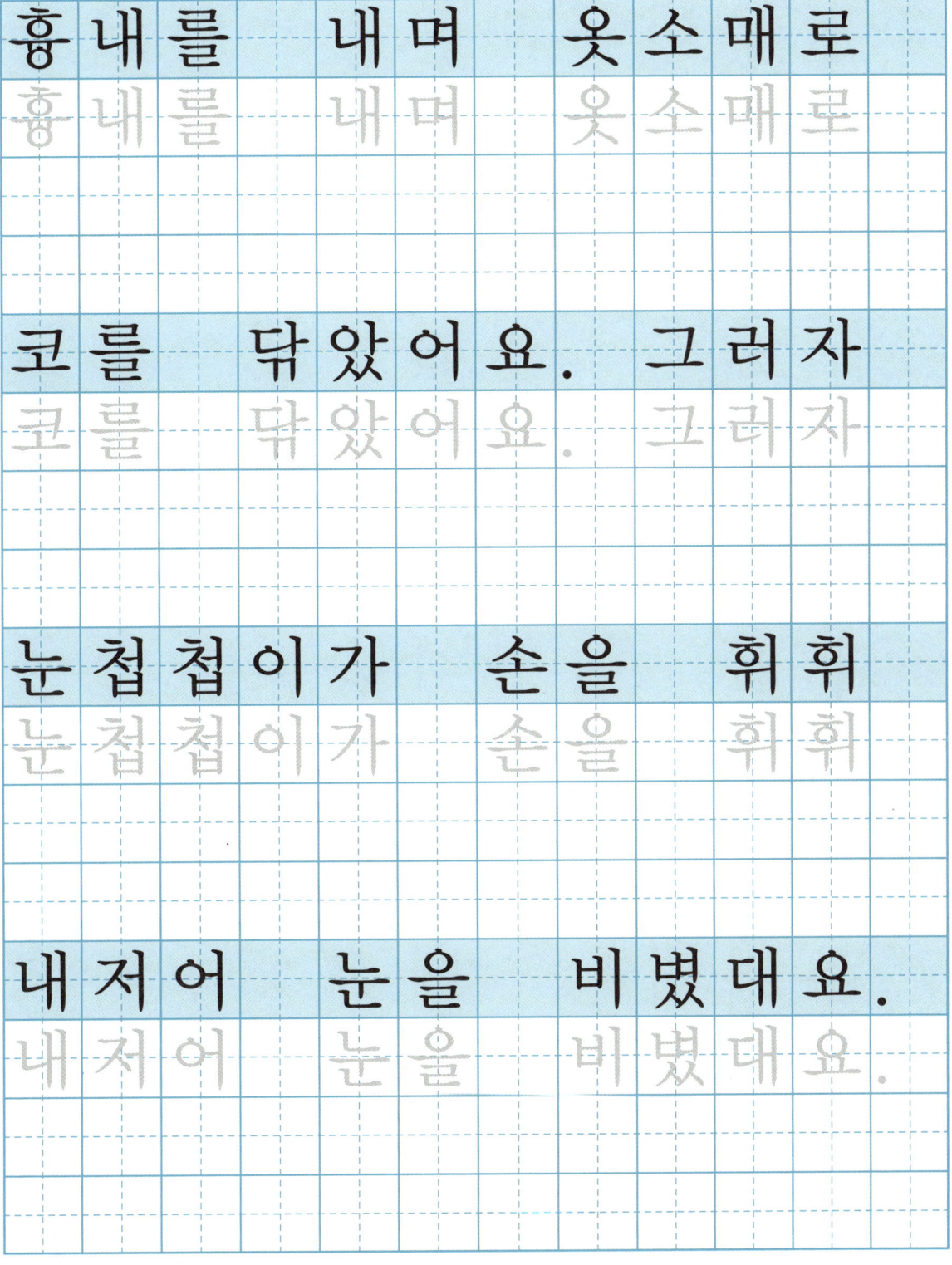

흉내를 내며 옷소매로

코를 닦았어요. 그러자

눈첩첩이가 손을 휘휘

내저어 눈을 비볐대요.

 재미있는 장면을 생각하며 옛이야기 '떡시루 잡기'에 나오는 글을 따라 써 보세요.

읽기 101쪽

걸음이 빠른 호랑이는

'어흥' 소리를 내며 떡

시루를 쫓아갔습니다.

두꺼비는 배꼽을 쥐고

재미있는 장면을 생각하며 옛이야기 '떡시루 잡기'에 나오는 글을 따라 써 보세요.

'깔깔깔' 웃었습니다.

"내 그럴 줄 알았다

니까. 이제 슬슬 떡을

모아 볼까?"

뭐야? 떡은 다 어디 갔지…

킥킥킥~ 욕심이 과하면 손해를 보는 법!

읽기 110쪽, 듣기·말하기 71쪽

깡충깡충

아장아장

대롱대롱

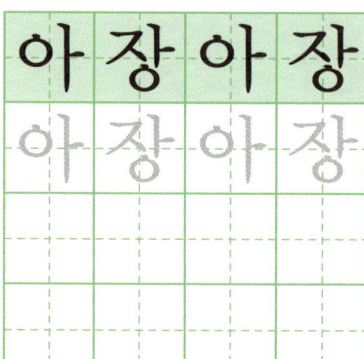

뒤뚱뒤뚱

데굴데굴

흔들흔들

 소리를 흉내 내는 말들을 따라 써 보세요.

읽기 111쪽, 듣기 · 말하기 71~74쪽

| 똑 똑 | 덜 컹 덜 컹 | 보 글 보 글 |
| 똑 똑 | 덜 컹 덜 컹 | 보 글 보 글 |

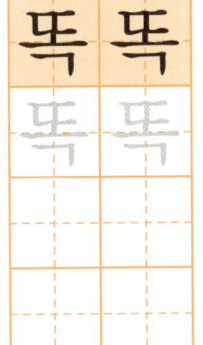 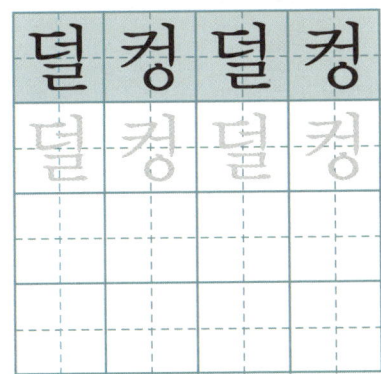 

| 꽥 꽥 | 부 르 릉 부 르 릉 | 콜 록 콜 록 |
| 꽥 꽥 | 부 르 릉 부 르 릉 | 콜 록 콜 록 |

145

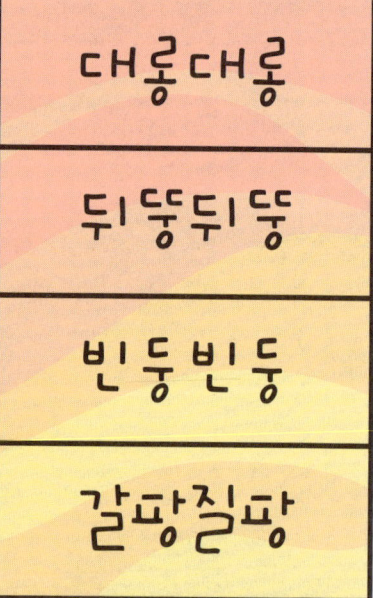

받아쓰기 6-1

불러 주시는 글을 잘 듣고 바르게 받아써 보세요.

① _____

② _____

③ _____

④ _____

⑤ _____

⑥ _____

⑦ _____

⑧ _____

⑨ _____

⑩ _____

틀린 글자가 있나요? 확실하게 익히도록 다시 한 번 써 보세요.

 받아쓰기 6-2

불러 주시는 글을 잘 듣고 바르게 받아써 보세요.

① _____

② _____

③ _____

④ _____

⑤ _____

⑥ _____

⑦ _____

⑧ _____

⑨ _____

⑩ _____

 틀린 글자가 있나요? 확실하게 익히도록 다시 한 번 써 보세요.

불러 주시는 글을 잘 듣고 바르게 받아써 보세요.

① _____

② _____

③ _____

④ _____

⑤ _____

⑥ _____

⑦ _____

⑧ _____

⑨ _____

⑩ _____

틀린 글자가 있나요? 확실하게 익히도록 다시 한 번 써 보세요.

받아쓰기 6-4

불러 주시는 글을 잘 듣고 바르게 받아써 보세요.

① _____

② _____

③ _____

④ _____

⑤ _____

⑥ _____

⑦ _____

⑧ _____

⑨ _____

⑩ _____

틀린 글자가 있나요? 확실하게 익히도록 다시 한 번 써 보세요.

받아쓰기 1-1

1. 학교
2. 운동장
3. 계단
4. 태극기
5. 시계
6. 코끼리
7. 사과
8. 색종이
9. 가위
10. 도화지

받아쓰기 1-2

1. 아버지
2. 어머니
3. 우리 가족
4. 내 친구
5. 정다운
6. 고마운 선생님
7. 즐거운 학교
8. 모두 모여
9. 나비
10. 여우

받아쓰기 1-3

1. 사자
2. 타조
3. 토끼
4. 하마
5. 노루
6. 거미
7. 제비
8. 강아지
9. 바구니
10. 고구마

받아쓰기 1-4

1. 개나리
2. 소나무
3. 오리 한 마리
4. 개구리
5. 너구리
6. 오늘은
7. 해님이 안 떠요.
8. 비 오는 날이에요.
9. 지렁이가 나와요.
10. 장화를 신어요.

받아쓰기 2-1

1 무슨 나무
2 가자 감나무
3 배가 아파
4 배나무
5 바람 솔솔
6 휴지
7 기린
8 동물
9 보름달
10 신발

받아쓰기 2-2

1 화분
2 칠판
3 책상
4 필통
5 연필
6 팔
7 별나라에
8 궁금합니다.
9 우주선을 타고
10 가 보고 싶습니다.

받아쓰기 2-3

1 달리기
2 바위
3 우산
4 어부
5 유리
6 김밥
7 비빔밥
8 김치
9 노래
10 피아노

받아쓰기 2-4

1 춤을 춥니다.
2 원숭이
3 열쇠를
4 소풍
5 음식
6 전화
7 부끄러워요.
8 화나요.
9 기뻐요.
10 슬퍼요.

받아쓰기 3-1

1. 마음을 나누며
2. 색연필
3. 줄넘기
4. 장난감
5. 할아버지
6. 지우개
7. 주사위
8. 당근
9. 배추
10. 호박

받아쓰기 3-2

1. 마늘
2. 대추
3. 포도
4. 참외
5. 복숭아
6. 꽃에 앉았습니다.
7. 동생과 함께
8. 따라갑니다.
9. 놀이터에서 놀았습니다.
10. 너무 늦어서

받아쓰기 3-3

1. 숙제도 많은데
2. 옛날에
3. 씨를 뿌렸습니다.
4. 누렇게 익었습니다.
5. 좋아했습니다.
6. 손을 씻었습니다.
7. 밥을 먹습니다.
8. 이를 닦습니다.
9. 오늘 아침 이가 아파요.
10. 울음을 터뜨리고

받아쓰기 3-4

1. 참 예쁘다!
2. 우리 집에 놀러 올래?
3. 누렁소 세 마리는
4. 언제나 함께 다녔어요.
5. 뿔을 들이밀었어요.
6. 메뚜기를 잡으러 가요.
7. 손가락을 입에 대고
8. 왜 그래?
9. 마음이 조마조마하였어요.
10. 아저씨, 안녕하세요?

받아쓰기 4-1

1. 송알송알
2. 싸리잎에 은구슬
3. 조롱조롱
4. 거미줄에 옥구슬
5. 대롱대롱
6. 풀잎마다 총총
7. 방긋 웃는
8. 꽃잎마다 송송송
9. 재잘대며
10. 타박타박

받아쓰기 4-2

1. 걸어오다가
2. 앙감질로
3. 깡충깡충
4. 뛰어오다가
5. 깔깔대며
6. 배틀배틀
7. 쓰러집니다.
8. 신규야 부르면
9. 코부터 발름발름
10. 대답하지요.

받아쓰기 4-3

1. 눈부터 생글생글
2. 개미는 작아
3. 괜찮아!
4. 영차영차
5. 나는 힘이 세.
6. 고슴도치는 가시가 많아.
7. 뾰족뾰족
8. 나는 무섭지 않아.
9. 세상에서 가장 크게
10. 웃을 수 있어.

받아쓰기 4-4

1. 맑고 따뜻함
2. 생일잔치
3. 통닭과
4. 과자를
5. 맛있게 먹었다.
6. 내 생일도 빨리
7. 왔으면 좋겠다.
8. 월요일
9. 화요일
10. 목요일

받아쓰기 5-1

❶ 숙제를 하려고
❷ 읽기책을 찾았다.
❸ 한참 만에
❹ 안방에서 찾아냈다.
❺ 어젯밤에
❻ 책을 읽다가
❼ 그냥 두었나 보다.
❽ 앞으로는
❾ 물건을 쓰고
❿ 제자리에 잘 두어야겠다.

받아쓰기 5-2

❶ 쉬는 시간에
❷ 놀이를 하였습니다.
❸ 그래도 계속 졸랐습니다.
❹ 어머니께서 토끼 지우개를
❺ 사 주시면 좋겠다고
❻ 생각하였습니다.
❼ 나와 내 동생은
❽ 음식을 먹는 습관이
❾ 서로 다릅니다.
❿ 내 동생처럼

받아쓰기 5-3

❶ 자기가 좋아하는 음식만
❷ 골라 먹으면
❸ 건강에 나쁩니다.
❹ 음식을 골고루 먹어야
❺ 생각합니다.
❻ 또또 상자에
❼ 색종이를 모아 두니
❽ 참 좋습니다.
❾ 우리 반 친구들이 함부로
❿ 버리지 않았으면 좋겠습니다.

받아쓰기 5-4

❶ 아낄 수 있고
❷ 필요할 때에
❸ 쓸 수도 있습니다.
❹ 치과에 갔습니다.
❺ 양치질을 잘하지 않으면
❻ 착한 어린이 상
❼ 주고 싶습니다.
❽ 왜냐하면
❾ 친구를
❿ 잘 도와주기 때문입니다.

받아쓰기 6-1

① 파란 하늘이 생각났습니다.
② 선인장처럼 따가운
③ 아빠 수염
④ 설탕처럼 달콤한
⑤ 솜사탕
⑥ 이불처럼 따뜻한
⑦ 엄마 품속
⑧ 동생이 하품을 한다.
⑨ 입 안이 빨갛게
⑩ 까맣게 잘 익은 수박씨

받아쓰기 6-2

① 아빠 방귀 천둥 방귀
② 내 방귀 피리 방귀
③ 옛날 옛적에
④ 신기한 맷돌을
⑤ 바닷속에서도 쉬지 않고
⑥ 바닷물이 짜게 되었습니다.
⑦ 어머니 무덤 앞에
⑧ 엎드려 절을 하였습니다.
⑨ 하얀 꽃이 피어났어요.
⑩ 도라지꽃이라고 불렀어요.

받아쓰기 6-3

① 머리의 가려운 곳을
② 여기저기 눌러 가며 긁었어요.
③ 코흘리개는 활 쏘는 흉내를 내며
④ 옷소매로 코를 닦았어요.
⑤ 손을 휘휘 내저어
⑥ 눈을 비볐대요.
⑦ 걸음이 빠른 호랑이는
⑧ 어흥 소리를 내며
⑨ 떡시루를 쫓아갔습니다.
⑩ 두꺼비는 배꼽을 쥐고

받아쓰기 6-4

① 깔깔깔 웃었습니다.
② 그럴 줄 알았다니까
③ 이제 슬슬 떡을 모아 볼까?
④ 똑똑
⑤ 덜컹덜컹
⑥ 꽥꽥
⑦ 콜록콜록
⑧ 깡충깡충
⑨ 데굴데굴
⑩ 뒤뚱뒤뚱